Unidades de carga en el transporte

David Soler

Con la colaboración de:

Cadena de suministro

www.logisnet.com

Índice

Capítulo 1
La mercancía

La mercancía es un bien material que se puede usar o poseer. A diferencia de otros bienes –como los que se producen para el autoconsumo, por ejemplo–, la fabricación, transformación y distribución de mercancías tiene como finalidades fundamentales la actividad económica, el intercambio y la relación mercantil. Por este motivo, como elemento material, siempre está relacionada con un momento y un lugar acordados entre dos o más partes donde se produce una entrega y una recepción, en los que la mercancía realiza su función de intercambiable.

Como bien material, la mercancía puede ser un elemento o producto que resulte necesario trasladar en un momento determinado desde un lugar de fabricación a otro por necesidades de manufactura, ensamblaje o de consumo, entre otros motivos. Cuando eso sucede, es decir, **cuando se transporta, la mercancía adquiere la consideración de «carga».**

Así, la mercancía se considera una carga desde el momento en que pasa a ser un elemento que va a ser movido y trasladado o enviado desde un punto de origen a otro de destino, para lo que con toda probabilidad deberá ser embalado, manipulado, manejado o almacenado.

1   La cadena logística

A su vez, la mercancía es el elemento protagonista de la cadena logística. Se denomina así al **proceso de planificación, gestión y control de los flujos de materiales y productos** que se pueden generar por muy diferentes motivos, como la entrega de artículos en cumplimiento de un intercambio comercial, el abastecimiento de un proceso de producción o el suministro de víveres en una situación de emergencia, por ejemplo. En el proceso de una cadena logística se incluyen las informaciones y los servicios relacionados con dicho proceso, abarca los movimientos internos y externos, así como las operaciones de importación y exportación.

modo de transporte

Expresa la manera o el tipo de transporte que se utiliza para el transporte de mercancías, existen cinco modos distintos: aéreo, ferroviario, marítimo o fluvial, por carretera, y por tubería.

En la cadena logística se distinguen unos subprocesos u operaciones que pueden agruparse en dos áreas:

- **Logística directa**
  - Aprovisionamiento de materias primas, materiales o productos semielaborados.
  - Fabricación o transformación de productos.
  - Distribución de artículos o productos.

- **Logística inversa**
  - Recuperación de productos fura de uso o residuos.
  - Transporte, recepción, inspección y clasificación de productos o residuos.
  - Reciclaje, reutilización, reparación o restauración, refabricación, incineración o vertido.

2   Clasificación de las mercancías

Para la gestión de operaciones con mercancías, es conveniente clasificarlas siguiendo algunos criterios, como son la naturaleza de la mercancía, su configuración física y su alcance o uso comercial.

- **Naturaleza de la mercancía**
  En un primer orden, las mercancías se pueden clasificar según su naturaleza. Así, entre las mu-

chas modalidades en que se presentan, se pueden agrupar, entre otras, en las siguientes:

- Animales vivos.
- Productos alimentarios.
- Máquinas y aparatos.
- Minerales no metálicos.
- Productos energéticos.
- Productos siderometalúrgicos.
- Abonos.
- Materiales de construcción.
- Maderas y sus manufacturas.
- Materias textiles.
- Productos químicos.
- Materias plásticas.
- Vehículos y elementos de transporte.

Determinadas mercancías, sin variar en su naturaleza, pueden adoptar diferentes estados de agregación (sólido, líquido o gaseoso) que facilitan su manipulación y transporte mediante medios distintos (buques cisterna, tuberías, etc.) como sucede con los gases licuados, por ejemplo.

- **Configuración física y presentación de la mercancía**
  Otra forma de clasificación puede responder a la configuración física de la mercancía, que entre otras posibles definiciones puede catalogarse como:

- Cilíndrica.
- Frágil.
- Húmeda.
- Laminar.
- Pesada.
- Seca.
- Tubular.
- Voluminosa.

Por otro lado, considerando sus características físicas esenciales y su presentación, es posible distinguir si una mercancía se presenta para su transporte en forma de granel, sea líquido o sólido, o bien como producto envasado o embalado.

- **Las mercancías en el comercio internacional**
  Las mercancías que son objeto de tráfico en el comercio internacional se identifican con el código de una nomenclatura publicada por la Organización Mundial de Comercio (OMC), denominada Sistema Armonizado. Este sistema está estructurado en subpartidas y partidas, agrupadas en 97 capítulos, a su vez articulados en 21 secciones, ordenados según el grado de elaboración del producto:

  - Materias primas.
  - Productos brutos.

- Productos semielaborados.
- Productos terminados.

El Sistema Armonizado es una modalidad de clasificación arancelaria que permite acceder a informaciones sobre comercio internacional y facilita los trámites documentales asociados a una operación de compraventa internacional de mercancías.

Capítulo 2
Envases y embalajes

Para realizar en condiciones de seguridad la manipulación, el almacenamiento y el transporte de una mercancía, cuando no se va a transportar en forma de granel, es necesario considerar dos elementos que la protejan en estos procesos: el envase y el embalaje.

Cuando se utilizan, entre ambos debe existir una coherencia razonable en cuanto a sus respectivas características (dimensiones, presentación, materiales que los componen, etc.) y prestaciones (consistencia, impermeabilidad, etc.), con el fin de conseguir la resistencia y la estabilidad suficientes que garanticen la protección y la seguridad de las mercancías (véase la figura 2.1).

1   El envase

Es el recipiente en que se conserva un producto o una determinada mercancía en cualquier fase de la cadena de fabricación, distribución y uso o consumo. El envase también sirve para presentar, identificar visualmente y

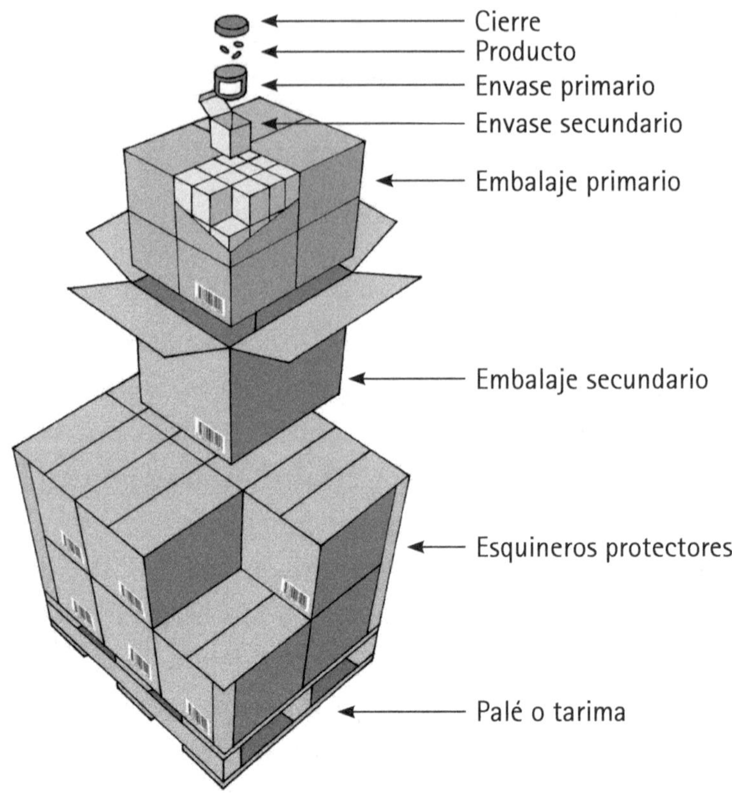

Figura 2.1. Sistema de envasado y embalaje de un producto
para formar una unidad de carga sobre un palé.

dosificar un producto, por lo que es fundamental que exista la máxima compatibilidad entre las características físicas y la cantidad del producto con las del recipiente que debe contenerlo y preservarlo.

Muchos envases o recipientes precisan de un dispositivo de cierre para taponar el orificio por el que se introducen o se extraen los productos.

Las técnicas de envasado constituyen una especialidad de la mercadotecnia, conocidas como empaque o *packaging*. Estas técnicas proponen una visión integral del diseño y la selección de los elementos que configuran el envase, en la que se deben tener en cuenta diversos factores:

- Influencia del envase en la elaboración del producto.
- Características del proceso de envasado.
- Conservación del producto en circunstancias muy diversas (temperatura, luminosidad, humedad ambiente, etc.).
- Manipulación del envase, manual y mediante elementos mecánicos.
- Almacenaje en diferentes espacios y circunstancias.

Empaque

Es el procedimiento que se sigue para acondicionar los productos para su almacenamiento, transporte, distribución y comercialización en condiciones óptimas y con el mínimo coste posible. Incluye el sistema de envasado o embalado, el envase y el embalaje físicos, y los materiales complementarios (envoltorio, precinto, etiqueta, prospecto, etc.).

- Transporte en vehículos distintos.
- Reciclaje del producto y operaciones de tratamiento de residuos y valorización de sus materiales.

A su vez, las unidades de envasado deben estar suficientemente protegidas y dimensionadas para conseguir el máximo aprovechamiento del espacio en las operaciones de manipulación y almacenamiento y, especialmente, en los vehículos de transporte. Este es un factor sumamente importante para que la forma del envase contribuya a minimizar el coste logístico global; pero todavía es más importante para reducir el impacto de algunas externalidades del transporte, como la contaminación atmosférica y el consumo de energías no renovables, principales causas del cambio climático que está desembocando en una crisis ecológica global sin precedentes en todos los ecosistemas del planeta que habitamos.

No debe dejar de resaltarse, asimismo, que la ingente cantidad de envases que se producen en los procesos industriales tiene unas consecuencias negativas directas para el entorno natural, tanto por el consumo de recursos energéticos y materias primas que conlleva su producción como por los residuos que se generan, que en un elevado porcentaje son vertidos sin control en el medio ambiente. Este hecho ha motivado legislaciones y normativas específicas en la mayor parte de países, el cumplimiento de las cuales es imprescindible cumplir con carácter prioritario para reducir y evitar los efectos negativos de la producción y uso de los envases.

1.1 Clasificación de los envases

Los envases pueden clasificarse como primarios o de la unidad de consumo, secundarios o colectivos y terciarios o de transporte:

- **Envase primario, de venta o de la unidad de consumo**
  Contiene el producto, mantiene contacto directo con él y lo presenta en su forma más simple (latas, cajas, tubos, botellas, bolsas, etc.).
  Los envases primarios deben cumplir con los siguientes requisitos:

  - Mostrar información sobre las instrucciones de uso del producto, fechas de caducidad o de consumo preferente, y cumplir las normativas respecto al etiquetado y la identificación de productos.
  - Contener el mínimo aire posible.
  - Cumplir con la normativa relativa a los procesos de tratamiento de residuos.
  - Garantizar que se puedan mantener en una posición estable en su ubicación en estable-

Figura 2.2. Modelos de envases primarios o de la unidad de consumo.

cimientos comerciales y que sea identificable en todos sus lados.

- Estar construido con el mínimo material necesario para proteger adecuadamente el producto.
- Poseer dimensiones adecuadas a las medidas de las estanterías o anaqueles de los establecimientos.
- Garantizar su hermeticidad y el aislamiento del contenido.

- **Envase secundario o colectivo**

  Contiene y agrupa una cantidad determinada de envases primarios, otorgándoles protección y alguna forma de presentación para facilitar su distribución física, para ser comercializado, reaprovisionar los lineales[1] en el punto de venta o

[1] Se denomina lineal a la superficie (estanterías o anaqueles) que en el punto de venta se dedica a la exposición y venta de los productos.

Unidades de carga en el transporte

ser vendido al consumidor final (cajas de cartón con precintos o flejes plásticos, películas plásticas retráctiles, etc.). También se consideran envases secundarios las cajas que contienen un solo envase primario (cajas de los perfumes, cereales, relojes, etc.).

Los envases secundarios deben reunir, de manera general, los siguientes requisitos:

- Proteger los productos que contienen.
- Ser lo suficientemente resistentes para poder apilarlos en las estanterías o en los expositores.
- Contener una cantidad uniforme y coherente de unidades de consumo para la venta detallista, que se corresponda con la rotación prevista para las mismas.

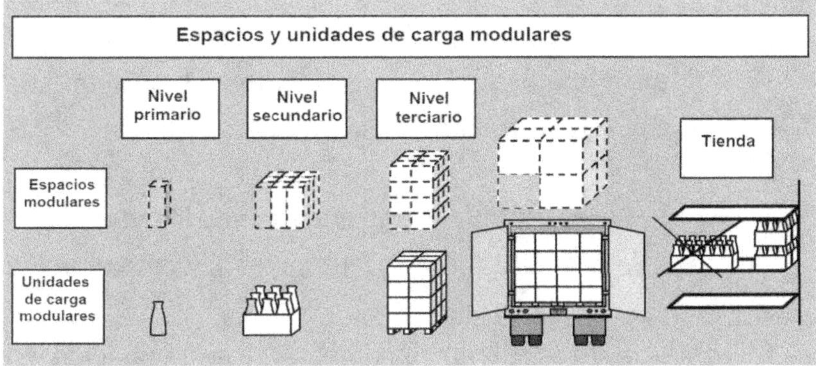

Figura 2.3. Relación entre espacios y unidades de carga modulares. (Fuente: Aecoc, RAL)

- Poseer un diseño ergonómico en cuanto a su peso, volumen y forma, que permita una manipulación eficiente y una fácil apertura.
- Poder ser transportado con facilidad hasta el punto de venta, sin que sufra deformaciones o roturas.
- Permitir la extracción de las unidades de consumo con facilidad.
- Los embalajes listos para vender deben tener un diseño adecuado para esta forma de venta.
- Los elementos identificadores del producto deben estar situados en dos caras adyacentes.

- **Envase terciario, de transporte o expedición**
  Agrupa envases primarios o secundarios, configurando una unidad de carga de mayor volumen, que incluye los palés o tarimas para el transporte y la distribución comercial. Entre sus características, deben figurar las siguientes:

  - Ser estable y conservar la verticalidad.
  - Hacer posible un alto nivel de compactación de la carga.
  - Permitir un máximo nivel de ocupación en los vehículos de transporte o las áreas de almacenamiento..

- Utilizar un sistema eficaz de fijación mediante láminas de plástico retráctil, flejes no metálicos o fundas de cartón.
- Estar construido con materiales y estructuras sólidas y homologadas.
- Utilizar embalajes resistentes.

Por otro lado, atendiendo a su naturaleza y características físicas, los envases también se pueden clasificar en:

- *Rígidos:* botes, cajas, bandejas, bidones, tarros, botellas, etc., construidos con algún tipo de metal, madera o vidrio, por ejemplo.
- *Semirrígidos:* bandejas, tarrinas, botellas, tubos, etc., elaborados con papel o materiales plásticos, entre otros.
- *Flexibles:* bandejas, tarrinas, botellas, tubos, etc., confeccionados con gomas, resinas u otros materiales dúctiles.

2   El embalaje

Su función es dotar a la mercancía o a la unidad de carga de una cobertura exterior que la proteja y la haga fácilmente manejable e identificable. Como hemos visto, el embalaje encuentra estrechamente relacionado con el envase, de manera que en numerosas ocasiones desempeñan conjuntamente sus funciones.

La naturaleza de las mercancías, el proceso de transporte (distancia, tipo de vehículo, ruta, etc.) o de almacenamiento y la manipulación que se prevea sobre la unidad de carga (mediante carretillas, cintas transportadoras, etc.), determinan la elección de un tipo u otro de embalaje. Por ello, la acción de embalar puede dar como resultado una caja, un saco, un palé, etc. En todos los casos, el embalaje persigue:

- Mantener junta la mercancía, constituyendo una unidad compacta, y protegerla contra los riesgos del transporte, entre otros:

  - averías sobre las mercancías ocasionadas por el movimiento en el transporte;

avería

Daño que recae sobre una mercancía y repercute en su calidad, de manera que se ve afectado el valor de la misma.

- daños producidos por temperaturas extremas en el almacenamiento a la intemperie;
- daños por contaminación (impregnación de olores y humos, mezcla de cargamentos, etc.);
- daños por oxidación o mojadura;
- averías por aplastamientos;
- plagas de roedores e insectos;
- daños producidos por incendios.

- Facilitar la manipulación y la recepción, de manera que la unidad de carga se pueda manejar manualmente[2] y, siempre que sea necesario, con medios mecánicos, conteniendo una cantidad uniforme y coherente de unidades de producto.
- Permitir al remitente y al destinatario la fácil identificación de la mercancía, así como sus características esenciales, siguiendo las normas y los requisitos que deben aparecer impresos sobre su superficie: marca (del expedidor, producto, etc.), descripción del producto, identificación normalizada, datos de la expedición, instrucciones de almacenamiento, fechas de caducidad o de consumo, símbolos indicativos para su manipulación, etc.

....

[2] Por razones ergonómicas, el reglamento de la Organización Internacional del Trabajo (OIT) estipula que ninguna carga que requiera ser manipulada por fuerza humana debe pesar en bruto más de 25 kg.

- Disminuir los riesgos para las personas, evitando desplazamientos interiores mediante los materiales de «calce», eliminado aristas vivas, etc.
- Adaptarse a las dimensiones estándar de las unidades de carga y a los módulos de las normas ISO.
- Tener la resistencia necesaria para resistir el apilado, y permanecer estable cuando la mercancía está paletizada.
- Reducir el máximo de espacios vacíos.
- Evitar al máximo los residuos y ser valorizable.
- Ofrecer facilidad en la apertura y el etiquetado, y en el caso de productos embalados que se destinan directamente al comercio detallista, comodidad para tomarlo al realizar la compra y capacidad de exposición.
- En operaciones de comercio internacional, facilitar la inspección aduanera mediante aberturas o cajetines adosados que permitan la toma de muestras del contenido.

2.1 Tipos de embalaje

El embalaje también se puede describir como primario (cuando contiene el envase y lo protege en contacto directo), secundario (cuando contiene el embalaje primario), terciario, etc. Adicionalmente, según su función y sus características físicas, se puede clasificar en:

- **Embalaje combinado** *(combined packaging)*
  Se trata de la reunión de diversos envases dispuestos en un mismo embalaje para su manipulación y transporte.

- **Embalaje compuesto** *(composite packaging)*
  Es un embalaje constituido por un recipiente interior de plástico, vidrio o material cerámico y por una estructura protectora exterior de metal, madera, cartón, material plástico, etc., formando un conjunto indisociable.

- **Embalaje estanco a los pulverulentos** *(powder-tight packaging)*
  Impide la entrada o salida de materias sólidas y secas, incluidas las que se producen o pueden estar presentes durante el transporte.

- **Embalaje exterior** *(outer packaging)*
  Recubrimiento externo de papel, cartón, plástico u otros materiales livianos, protectores o absorbentes, con que se recubre y protege un envase o embalaje.

- **Embalaje intermedio** *(intermediate packaging)*
  El que contiene envases interiores u objetos y, a su vez, está contenido en un embalaje exterior.

- **Embalaje «listo para vender»** *(retail ready packaging, RRP)*

  Embalaje secundario que agrupa a varias unidades de consumo (envases primarios) y llega al lineal de un supermercado haciendo las funciones de expositor.

- **Sobreembalaje** *(main packing box)*

  Recipiente o envoltura utilizada por un expedidor para contener varios bultos y conseguir una unidad de carga de más fácil manipulación y estiba. Pueden ser sobreembalajes una caja, un jaulón de madera o un palé, entre otros (véase la figura 2.4).

Los embalajes son con frecuencia **reutilizados,** siempre que no presenten defectos que puedan afectar a su funcionalidad, y también pueden ser **recons-**

Figura 2.4. Un jaulón de madera puede ser utilizado como sobreembalaje de una mercancía.

UNIDADES DE CARGA EN EL TRANSPORTE

truidos mediante el reemplazo de elementos de su estructura original o ser **reacondicionados,** limpiándolos hasta eliminar cualquier residuo de contenidos, revestimientos externos o etiquetas anteriores, de modo que sus materiales constructivos recuperan su aspecto original.

3   Otros elementos utilizados en los envases y embalajes

Para configurar una unidad de carga, junto con el envase y el embalaje acostumbra a ser necesaria la utilización de algunos elementos complementarios que contribuyen a aumentar la resistencia y estabilidad físicas y a incrementar la protección de la mercancía, como son:

- **Ángulo de protección** *(corner protector)*
  Elemento en forma de L, generalmente de cartón o plástico, que se sitúa en las esquinas, justo debajo del paso del fleje, con el fin de evitar que la tensión que este ejerza dañe a la mercancía, al tiempo que ayuda a compactar la unidad de carga (véase la figura 2.5).

- **Cantonera** *(edge protection)*
  Se presentan como regletas en forma de L, de cartón, plástico o metal, que se ajustan a las esquinas de las unidades de carga o los productos in-

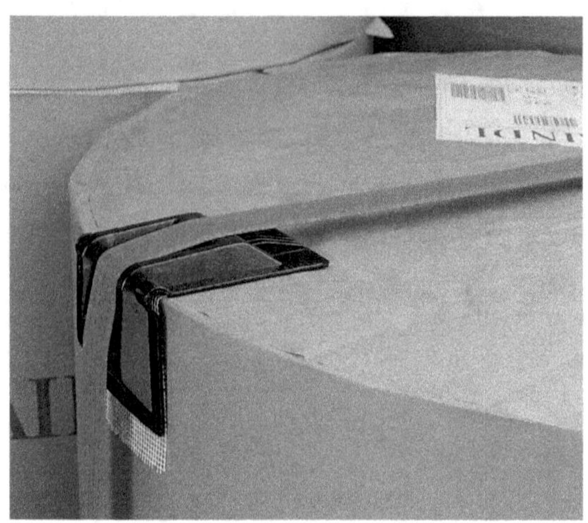

*Figura 2.5. Ángulo de protección utilizado para preservar
el canto de una bobina.*

dividuales, quedando así las esquinas protegidas contra golpes y rozaduras. Como los ángulos de protección, las cantoneras también ayudan a flejar las cargas, ya que permiten sujetar el fleje con elevada tensión sin peligro de marcar o dañar los productos, facilitando el compactado y la agrupación de los elementos de la unidad de carga.

- **Eslinga** *(sling)*
  Red, cuerda gruesa de fibras sintéticas o vegetales, o cable trenzado o cadena, generalmente de acero, provista de un gancho, una gaza o una anilla, para elevar grandes pesos o para manipular cargas generales.

- **Deshidratantes** *(dehydrants)*

  Para proteger las mercancías secas de la humedad en el interior de un envase o embalaje se utilizan bolsas deshidratantes. Se trata de sales tratadas químicamente, en forma de gránulos o polvo, que tienen la función de absorber la humedad que haya podido quedar en el interior de lugares estancos, o la que se pueda formar por condensación como consecuencia de cambios bruscos de temperatura. La arcilla activada químicamente es otro deshidratante empleado en sectores industriales para embalajes no recuperables.

- **Fleje** *(iron strip)*

  Se trata de una tira de metal, goma o plástico resistente a la tracción utilizada para sujetar, asegurar y reforzar el envase o el embalaje de las unidades de carga o para amarrar la unidad de carga al vehículo de transporte.

estiba

Operación de movimiento de la mercancía (unidad de carga o granel), mediante su manipulación, distribución y colocación adecuadas en una unidad de transporte de carga (contenedor de transporte, caja del camión, etc.) o en un vehículo de transporte para evitar o minimizar su posible daño, facilitar las descargas y proteger a las personas o las cosas.

- **Preeslinga** *(sling)*

  Eslinga que se halla incorporada en una unidad de carga para facilitar su manipulación por medios mecánicos.

- **Precinto** *(seal)*

  Es el elemento o dispositivo con que se sella y cierra un envase, embalaje o mecanismo de apertura, con el fin de que sólo pueda abrirse por un destinatario legítimo o una persona a la que corresponda. Algunas de las formas más habituales de precinto son: las cintas adhesivas plásticas, las cuerdas, las correas, los tirantes, los lacres, los flejes, etc.

  Para los contenedores de transporte, existen precintos de seguridad mecánicos que incluyen un código de identificación que impide que puedan ser sustituidos sin conocimiento del destinatario (véase la figura 2.6).

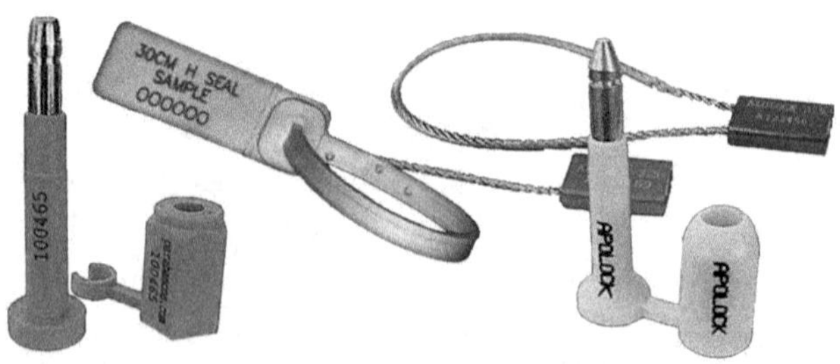

Figura 2.6. Precintos de alta seguridad tipo diseñados para sellar el mecanismo de apertura de los contenedores de transporte.

*Figura 2.7. El precinto electrónico incrementa la seguridad
del contenedor y permite su trazabilidad.*

Existen también precintos electrónicos (véase la figura 2.7) que permiten la trazabilidad del contenedor, el registro de la apertura o el cierre de las puertas, el control sobre la ruta y los tiempos de tráfico, y la entrada o salida de depósitos, terminales u otras áreas de tránsito.

* **Retractilado** *(shrink wrapping)*
Retractilar es la acción de envolver un envase o una unidad de carga mediante un material que puede retraerse sobre sí mismo una vez se ha extendido sobre los elementos para dotarlos de una mayor protección. Con mucha frecuencia, el retractilado sirve para agrupar y unitizar diversas

cargas en una unidad de carga mayor. Habitualmente, se utiliza lámina de plástico en bobina o en forma de bolsa que se contrae al contacto con un chorro de aire caliente. El retractilado proporciona cierta seguridad contra las sustracciones, los impactos accidentales, las inclemencias del tiempo, las mojaduras y las humedades.

4 La identificación de las unidades de carga

La eficacia y la seguridad en el transporte de mercancías dependen en gran medida de la comunicación entre los agentes que intervienen en la cadena logística. En particular, para alcanzar la mayor eficacia en las operaciones de manipulación, almacenamiento y transporte de cargas, es sumamente importante que estas se identifiquen mediante un lenguaje que sea fácilmente comprensible para la mayoría de las personas: el de los símbolos gráficos.

La referencia internacional que se debe tomar para identificar mediante símbolos las unidades de carga es la norma ISO 780, cuyo contenido se representa en la figura 2.8.

Mención aparte merece la identificación de las unidades de carga que contengan mercancías peligrosas, en cuyo caso son imprescindibles unas instrucciones de manipulación específicas. La simbología utilizable para estas cargas se recoge en la figura 2.9.

Símbolo	Instrucción	Significado	Símbolo	Instrucción	Significado
	Frágil	El contenido del embalaje es frágil y se debe manejar con precaución		No usar carretilla elevadora	La carga no se debe manipular con carretilla elevadora
	No usar garfios	No se pueden usar garfios en el manejo de la carga		Colocar mordazas aquí	Colocar las abrazaderas en los lados que se indica para manipular la carga
	Mantener vertical	La unidad de carga se debe mantener en posición vertical		No colocar mordazas aquí	No colocar las abrazaderas en los lados que se indica al manipular el embalaje
	Proteger de la luz solar	La carga no se debe exponer a la luz solar u otras fuentes de calor		Apilamiento limitado	Indica el peso máximo posible sobre la unidad de carga
	Proteger de fuentes radioactivas	La mercancía se puede deteriorar o quedar inutilizada si se expone a radiaciones		Apilamiento limitado por número	Número máximo de embalajes iguales que se pueden apilar (n=número máx)
	Mantener a resguardo de la lluvia	La carga debe mantenerse en un ambiente seco		No apilar	No se debe apilar ninguna otra carga encima
	Centro de gravedad	Indica el centro de gravedad de la unidad de carga		Eslingas aquí	Indica dónde se deben emplazar las eslingas para elevar la carga
	No rodar ni inclinar	La carga no se debe rodar ni inclinar o balancear		Límites de temperatura	Límites de temperatura entre los que se debe conservar y manipular la carga
	No manipular con las horquillas en esta cara	Caras de la unidad de carga donde no se deben colocar las horquillas de las carretillas manuales			

Figura 2.8. Símbolos utilizados para identificar las unidades de carga y facilitar la manipulación de los envases y embalajes (norma ISO 780).

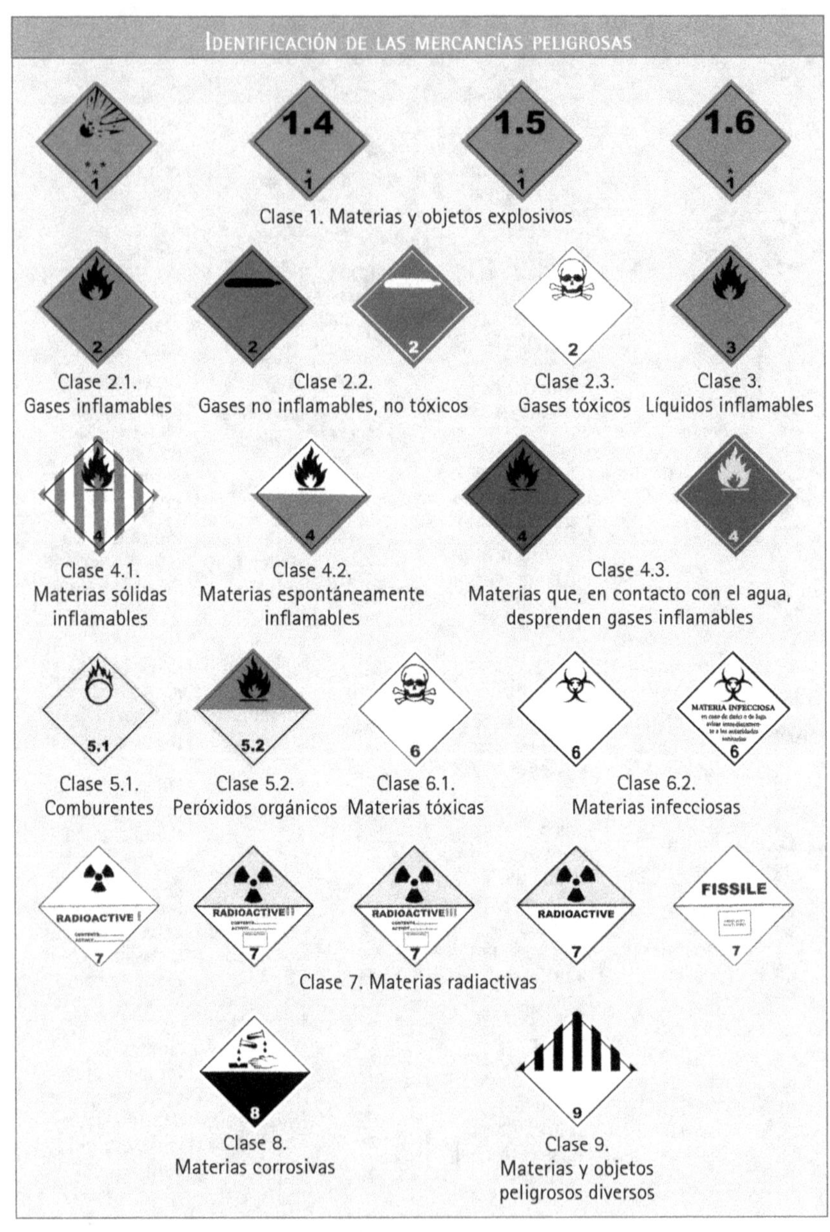

Figura 2.9. Símbolos utilizados para la identificación de las mercancías peligrosas.

Capítulo 3
Tipología de las cargas

Una carga es el **conjunto de mercancía que se transporta en un vehículo de transporte o que se manipula mediante un elemento de manutención** (carretilla, grúa, etc.).

La naturaleza, la cantidad, la forma, el volumen o el peso de las mercancías, entre otras características físicas, definen diferentes tipos de cargas. Estos factores condicionan en gran medida el tipo de vehículo que se ha de utilizar para su transporte, así como las necesidades de adecuar y preparar la mercancía mediante envases, embalajes o elementos de sujeción.

1   Carga general *(general cargo)*

Se trata de mercancía cuya naturaleza puede ser muy diversa, que se transporta, almacena o manipula en unidades sueltas, como bulto individual o agrupado con otros, y que generalmente reúne productos manufacturados o semielaborados.

La carga general que no precisa unas condiciones especiales de transporte, que puede transportarse en medios de uso no específico (caja de camión, vagón, contenedor estándar o cerrado, etc.) también se conoce como **carga seca.**

Por el contrario, existe también **carga húmeda,** mercancía que contiene líquidos o que, por su naturaleza, puede destilarlos o emitir cantidades considerables de humedad. Las cargas secas y húmedas son incompatibles, en el sentido de que no pueden compartir una misma unidad de carga, como un palé o un contenedor, por ejemplo.

La carga general se puede segmentar en fraccionada y carga consolidada o unitizada.

- **Carga fraccionada** *(break bulk cargo)*
  Es la mercancía acondicionada para su manipulación y transporte que se presenta formando bultos individuales y sueltos, como cajas, fardos, sacos, barriles, paquetes, atados, etc.

- **Carga consolidada o unitizada** *(consolidated cargo)*
  Se trata de unidades de carga fraccionada que junto con otras se acondicionan o embalan como una única unidad física de manipulación y circulación (sobre un palé o en un contenedor, por ejemplo), compacta, reforzada y provista de elementos (flejes, patines, listones, asas, etc.) que

Figura 3.1. Almacenamiento de unidades de carga fraccionada.

permitan su manejo, traslado y almacenamiento de manera homogénea, sistematizada y segura, con el fin de facilitar su expedición y transporte hacia un destino común.

Para consolidar o agrupar una carga se emplean diversos procedimientos, los más comunes son los siguientes:

- **Contenerización** *(containerization).* Es la operación de depositar, estibar y acondicionar los bultos o cualquier tipo de unidad de carga, producto o mercancía a granel en un contenedor de transporte.

Figura 3.2. Manipulación de unidades de carga consolidada sobre palés.

- **Flejado *(strapping)*.** Operación que consiste en formar una sola unidad de carga con distintos bultos que se sujetan entre sí mediante flejes o en fijar uno o varios bultos sobre un palé o plataforma.

- **Paletización *(palletization)*.** Consiste en reunir uno o más paquetes, bultos, cajas, etc., acondicionados sobre un palé, fijándolos a este mediante flejes, cartón, madera, retractilado plástico o cualquier otro sistema de sujeción, con la finalidad de incrementar su seguridad y evitar desplazamientos internos, robos o averías.

- **Preeslingado** *(slings).* Formación de una unidad de carga por la agrupación de diversos bultos o unidades sueltas mediante su sujeción con eslingas para su manipulación por medios mecánicos (elevación, traslado, estiba, etc.).

2   Carga a granel *(bulk cargo)*

El granel es una forma de presentación habitual de las mercancías relacionadas con el sector primario, el sector energético y la industria química, que se transportan sin que hayan sido envasadas ni embaladas, de manera que el vehículo o medio de transporte cumple también la función de recipiente. Es el modo habitual en que se manejan, almacenan y transportan las materias primas o semielaboradas que se van a

cadena de transporte

Proceso de conexión de modos de transporte a través de nodos logísticos para el traslado de mercancías desde su origen a su destino, con uno o más trasbordos de la carga entre vehículos de transporte.

incorporar en algún proceso productivo o de transformación, como los cereales, las maderas, los minerales, las materias plásticas y los hidrocarburos, entre otros productos.

En el transporte de mercancías a granel es necesario utilizar unos determinados elementos mecánicos para su manipulación y unos vehículos de transporte

Figura 3.3. Descarga de cereal a granel en una terminal portuaria.

adaptados a los grandes volúmenes que suelen tratarse en cada operación.

En las mercancías a granel cabe distinguir entre:

- **Granel sólido o seco** *(solid bulk cargo)*
  Se trata de mercancía formada por un conjunto de partículas sólidas sueltas (minerales, cereales, maderas, alimentos secos, cementos, etc.), que se transporta de manera homogénea, y que se puede manipular mediante palas y grúas con cuchara, o de manera continua, utilizando transportadores o fluyendo por gravedad.

- **Granel líquido** *(liquid bulk cargo)*
  Lo constituye mercancía en estado líquido que se transporta de manera homogénea (productos petrolíferos o químicos, gases licuados, alimentos líquidos como aceites o jugos, agua, etc.), y que se puede manipular de manera continua a través de tuberías y utilizando sistemas de bombeo.

3 Carga rodada *(ro-ro cargo)*

Se refiere a carga constituida por vehículos que se deslizan sobre ruedas, como plataformas, remolques o semirremolques, camiones, vagones, vehículos de turismo, etc., que pueden ser trasladados en una cadena

Figura 3.4. Desembarco de un semirremolque desde un buque de manutención horizontal (ro-ro).

de transporte intermodal, tratándose propiamente de una mercancía o albergando mercancía en su interior (véase la figura 3.4).

Las unidades de carga rodada pueden ser autopropulsadas o no, en función de que necesiten elementos auxiliares para embarcar y desembarcar y ser estibadas y desestibadas a bordo de los buques de carga horizontal *(roll on-roll off* o ro-ro).

Capítulo 4
Cargas especiales

Están formadas por mercancías que por su naturaleza, dimensiones, peso o peligrosidad, entre otras posibles características, necesitan ser manipuladas, almacenadas o transportadas en condiciones especiales, que pueden incluso requerir envases y embalajes específicos. Para determinadas mercancías, como las peligrosas, por ejemplo, existen normativas internacionales que las regulan y que tratan de garantizar la seguridad y evitar riesgos que pudieran derivarse de un transporte o manipulación inadecuados.

Entre las cargas especiales, también se encuentran el transporte de animales vivos, las mercancías valiosas y el correo postal.

1 Carga peligrosa *(dangerous cargo)*

La constituyen mercancías nocivas o perjudiciales, embaladas, a granel o en embalajes para graneles, que durante su transporte pueden generar o desprender residuos, humos, gases, vapores o polvos de naturale-

Normativas internacionales sobre mercancías peligrosas		
Modo de transporte	*Denominaciones*	*Denominación usual*
Marítimo	Código marítimo internacional de mercancías peligrosas	*International Maritime Dangerous Goods* (IMDG)	Código IMDG
	Convenio internacional para prevenir la contaminación por los buques	*International Convention for the Prevention of Pollution from Ships*	Marpol 73/78
Carretera	Convenio internacional sobre el transporte de mercancías peligrosas por carretera	*Articles Dangereux de Route* (ADR)	Convenio ADR
Ferroviario	Reglamento sobre el transporte internacional de mercancías peligrosas por ferrocarril	Règlement International sur les déchets Dangereux (RID)	Convenio RID
Aéreo	Reglas de IATA sobre mercancías peligrosas	IATA *Dangerous Goods Regulations*	Reglas IATA DGR

Tabla 4.1. *Reglamentaciones internacionales sobre mercancías peligrosas.*

za peligrosa, ya sea explosiva, inflamable, tóxica, infecciosa, radiactiva, corrosiva o irritante. Se deben incluir en esta categoría los embalajes sin limpiar que hayan contenido mercancías peligrosas.

Las mercancías peligrosas constituyen un riesgo importante para la salud de las personas, los bienes y el medio ambiente.

2 Carga de temperatura controlada *(controlled temperature cargo)*

Reúne a todo tipo de mercancía que necesite de algún sistema de control de su temperatura durante los procesos de manipulación, almacenamiento, transporte y distribución comercial. Se clasifica en: perecedera, refrigerada, congelada, ultracongelada y en caliente.

- **Carga perecedera *(perishable cargo)***
  Engloba mercancías que puedan deteriorarse después de un período de tiempo determinado, o por estar expuestas a temperaturas diversas, humedades u otras condiciones adversas. Las mercancías perecederas pueden ser productos sanitarios, alimentarios e incluso de uso industrial que precisan de unas condiciones especiales, un control técnico determinado y unos parámetros de salubridad y de temperatura regulada para su

conservación, almacenamiento, transporte, carga y descarga.

- **Carga refrigerada** *(reefer cargo)*

La constituye mercancía perecedera (verduras, carnes, fármacos, frutas, etc.) que precisa de unas condiciones especiales de mantenimiento y refrigeración a temperatura controlada, por encima de su punto de congelación, durante el período de transporte o almacenamiento.

- **Carga congelada** *(frozen cargo)*

Está constituida por alimentos en que la mayor parte de su agua se ha transformado en hielo, tras un proceso de congelación destinado a preservar su calidad e integridad y reducir las alteraciones físicas, bioquímicas y microbiológicas.

- **Carga ultracongelada** *(deep frozen cargo)*

La forman alimentos que han sido sometidos a un proceso de congelación rápida o ultracongelación que permite alcanzar rápidamente, en función de la naturaleza del producto, su máxima cristalización. Debe conservarse la estabilidad térmica de los productos en todas sus partes, de manera que se mantenga sin interrupción a temperaturas iguales o inferiores a −18 ºC en el curso de su manipulación, almacenamiento, transporte y distribución.

- **Carga en caliente** *(hot cargo)*

  En este tipo de cargas, las mercancías necesitan un aporte calorífico para mantener sus condiciones óptimas de conservación durante su manipulación, transporte o almacenamiento, como en el caso de los alquitranes, por ejemplo. Otras mercancías necesitan un aporte de calor para contrarrestar condiciones ambientales extremas y evitar su congelación.

3 Carga sobredimensionada *(outsized cargo)*

Se refiere a mercancías cuyo volumen, forma o naturaleza no se ajustan a los estándares habituales de manipulación y transporte y que requieren unos medios

buque de carga horitzontal

Buque diseñado para el transporte de mercancías sobre medios rodantes utilizados en el transporte terrestre, como plataformas, remolques o semirremolques, camiones, vagones, etc., que se colocan a bordo por sus propios medios o mediante carretillas elevadoras o grúas. Sus bodegas están constituidas por un garaje de varios pisos comunicados por rampas o ascensores, al que se accede por la popa, la proa o por el costado.

y procedimientos específicos. Las normativas de cada país establecen los parámetros que rigen los transportes especiales de cargas que exceden los límites establecidos en cuanto a dimensiones y peso, para los que se acostumbra a precisar de una autorización exclusiva.

4 Carga pesada *(heavy cargo)*

También existen mercancías cuyo peso no se ajusta a los parámetros habituales y que requieren vehículos de transporte y equipos de manutención específicos.

Capítulo 5
La unidad de carga

Las mercancías siempre cumplen una función económica y son el objeto mayoritario del comercio. En la lógica de los intercambios comerciales, se trata de garantizar que las mercancías lleguen a manos de la empresa o persona que las adquiere en el momento y en el punto de entrega acordados, en óptimas condiciones y con los mínimos costos económicos y ecológicos posibles. Todo ello, además, se debe alcanzar con las máximas garantías de seguridad y evitando

bulto

Un bulto es un objeto o conjunto de objetos agrupados, embalados o no, cualesquiera que sean sus dimensiones y su volumen, que puede ser manejado como una unidad de carga singular, identificada y diferenciada del resto de un envío.

cualquier riesgo que ponga en peligro los fines que se desean conseguir.

En la planificación y negociación de las operaciones comerciales y en el propio diseño de los productos (excepto cuando se trate de graneles), es fundamental prever que las mercancías deben configurarse como unidades de carga. Es decir, han de constituirse en **elementos modulares que se puedan manejar, almacenar o transportar utilizando medios mecánicos.** Una unidad de carga puede estar formada por un único bulto o por un conjunto de bultos de menores dimensiones, agrupados para formar un solo módulo, compacto e individual, que permita un fácil manejo y conservación, que incremente la seguridad de la mercancía y contribuya a una manutención eficiente.

Agrupar las mercancías en unidades de carga no solo facilita su manejo, sino que redunda positivamente en la gestión de su transporte y, por tanto, en la eficiencia global del proceso logístico.

Vamos a describir a continuación las cualidades y los tipos de unidad de carga más comunes y los elementos que intervienen en su configuración. Una caja, un bidón o un contenedor de transporte constituyen módulos o unidades de carga singulares que, a su vez, pueden contener un único producto o un conjunto de unidades modulares de menor volumen y peso individual que la unidad de carga final.

1 Cualidades de las unidades de carga

Conviene precisar que la configuración y las características físicas de los elementos que componen la unidad de carga han de conseguir dotarla de dos cualidades fundamentales:

- **Resistencia,** para lo cual es conveniente envolverla, haciendo de los elementos que la integran un solo cuerpo, ciñéndola de tela, papel, cartón, u otros materiales análogos. Es muy habitual utilizar lámina de plástico retráctil que la abrace de manera uniforme, especialmente en el caso de mercancía que se dispone sobre palés.

- **Estabilidad,** para lo que es preciso apilar correctamente los productos o las unidades que contiene. La estabilidad se puede incrementar sujetando entre sí las unidades mediante cinta adhesiva o flejes de metal, goma o plástico, o el conjunto de ellas sobre un palé u otro tipo de plataforma.

2 Tipos de unidades de carga

Veamos ahora cuáles son las unidades de carga o tipos de bultos más usuales y su definición. Aunque introduciremos aquí las definiciones de *palé* y *contenedor*, dedicaremos a estos dos elementos un espacio más amplio en apartados posteriores.

- **Atado** *(bundle)*

  Bulto formado por un conjunto de elementos agrupados mediante algún sistema de ligadura (fleje, cuerda, alambre, plástico retráctil, etc.). Puede incorporar algún sistema especial de fijación y algún elemento envolvente. Se utiliza para formar unidades de carga con componentes de

Figura 5.1. Balas de productos textiles en un almacén.

*Figura 5.2. Modelos de bidones fabricados
en chapa de acero soldada, de tapa fija.*

una misma especie o de un formato similar: vigas, tubos, barras, varillas, tablones, etc.

- **Bala** *(bale)*

  Fardo apretado de mercancías, generalmente mediante flejes, de forma cilíndrica o de prisma rectangular, utilizado para agrupar y transportar algunos productos, por ejemplo, fibra de algodón, residuos de papel, tejidos, paja, etc. (véase la figura 5.1).

- **Bidón; barril** *(can)*

  Envase habitualmente cilíndrico, con fondo plano o combado, de metal, cartón, plástico, contrachapado u otro material apropiado, utilizado generalmente para almacenar productos líquidos (véase la figura 5.2).

*Figura 5.3. Manipulación de bobinas de papel
en la operación de carga de un buque.*

- **Bobina** *(reel)*

  Presentación industrial de determinados productos (papel continuo, cable, hilo, redes metálicas, tela, etc.), enrollados alrededor de un eje físico o imaginario, formando un cilindro que puede manipularse mediante elementos mecánicos (véase la figura 5.3).

- **Bolsa para graneles sólidos contenerizados** *(dry bulk liner)*

  Recipiente flexible para el transporte de graneles sólidos (especialmente alimenticios y químicos) que se adapta al espacio interior de los contenedores de 20 o 40 pies y a las cajas de los camiones u otros embalajes de dimensiones especiales. Está confeccionado con polietileno y rafia de polipropileno y dispone de aberturas de carga y descarga. La carga puede realizarse directamente desde un silo, por gravedad, mediante sistemas de soplado o impulsadora, cintas transportadoras o transportadores neumáticos, mientras que la descarga se efectúa volcando el contenedor con el sistema basculante del camión, mediante una plataforma para descarga de camiones o utilizando sistemas neumáticos de aspiración (véase la figura 5.4).

Figura 5.4. Bolsa para graneles sólidos acondicionada en un contenedor de transporte.

- **Caja** *(bin; box)*

  Unidad básica de carga o embalaje, generalmente de pequeña dimensión, fabricada con materiales diversos (cartón, plástico, madera, metal u otros), de lados compactos rectangulares o poligonales, con capacidad para contener elementos, piezas, productos, etc. Puede reforzarse con rebordes de metal u otro material rígido y disponer de pequeños orificios para facilitar su manipulación o apertura.

- **Contenedor de transporte** *(freight container)*

  Recipiente de transporte de carácter permanente y capacidad interior no menor de un metro cúbico, capaz de asegurar un uso repetido, sin ruptura de la carga en caso de trasbordo a diferentes modos o vehículos de transporte. Es apilable y permite la transferencia horizontal o vertical. Existen modelos de contenedor diseñados para cada necesidad del transporte, provistos de dispositivos que permiten un manejo adecuado, particularmente en el traspaso entre modos de transporte, y un fácil llenado y vaciado.

- **Cuba** *(cask; barrel)*

  Envase o recipiente construido en madera, plástico o chapa metálica, destinado a contener líquidos. Una cuba puede ser de forma cilíndrica o de base rectangular, abierta o cerrada en el extremo superior, y provista de dispositivos para facilitar el llenado y vaciado.

- **Fardo** *(bundle)*

  Bulto en forma de lío grande de tejidos, ropas u otra mercancía, muy apretado y cubierto con arpillera, plástico u otros materiales flexibles, para facilitar su transporte sin dañar el contenido.

- **Gran recipiente para graneles (GRG); palé tanque** *(intermediate bulk container (IBC); tank pallet)*

  Recipiente rígido reutilizable destinado al almacenamiento y el transporte de graneles sólidos o líquidos, provisto de una tapa superior y una válvula inferior para su carga y descarga. Generalmente posee una forma cúbica, está fabricado con plástico o acero, es apilable y se sitúa sobre una plataforma para facilitar su manipulado mediante carretilla o transpalé. Posee una capacidad de entre 1 y 3 m^3 (véase la figura 5.5).

- **Huacal** *(crate)*

  Cesta o jaula que en numerosos lugares de América Latina y las islas Canarias se construye con varillas o tiras de madera y se utiliza para el transporte de productos que precisan una especial protección, como frutas, loza o cristal, entre otros.

Figura 5.5. Modelo de gran recipiente para graneles (GRG).

- **Jerricán; cuñete** *(jerrycan; drum)*
  Envase en forma de cuba o barril pequeño, de madera, metal o plástico, de sección rectangular o poligonal, que puede estar provisto de uno o varios orificios para el llenado y vaciado, con cierres con o sin dosificador (véase la figura 5.6).

- **Lata** *(tin; can)*
  Envase de forma cilíndrica o de base rectangular hecho de hojalata, de entre 0,09 y 0,49 mm de espesor, que puede contener los más diversos productos: pinturas, aceites, dulces, bebidas, etc.

Puede cerrarse mediante una tapa o disponer de uno o más dispositivos u orificios para su llenado y vaciado.

- **Palé; tarima** *(pallet)*

  Elemento portátil para constituir cargas unitarias, formado por una plataforma horizontal, con entrada para las horquillas de las carretillas u otros aparatos de manutención. Puede ser de madera, metal, plástico, cartón, y ser reutilizable o no.

- **Paquete** *(parcel)*

  Unidad de carga básica y primera del orden de las unidades de carga. Pueden coincidir el formato de caja y paquete.

Figura 5.6. Modelos de jerricán de plástico.

- **Saco** *(sack)*

  Unidad de carga o embalaje en forma de receptáculo de plástico, arpillera, tela, papel, etc., por lo general de forma rectangular o cilíndrica, abierto por uno de sus lados (véase la figura 5.7).

- **Saco de gran capacidad** *(flexible intermediate bulk container (FIBC); big-bag)*

  Recipiente flexible en forma de saco destinado al almacenamiento y el transporte de graneles sólidos agrícolas e industriales (arenas, gravas, cereales, abonos, piensos, granulados plásticos, leños, etc.). Está confeccionado generalmente con polipropileno y dotado de anillas o asas para fa-

Figura 5.7. Sacos apilados en un almacén de distribución.

Figura 5.8. Modelo de saco de gran capacidad.

cilitar su manejo. Posee una capacidad de entre 1 y 3 m^3 y puede soportar un peso de hasta 2.000 kg (véase la figura 5.8).

- **Tambor** *(drum)*

  Envase generalmente cilíndrico, de fondo plano o combado, de metal, cartón, plástico, contrachapado u otro material apropiado, utilizado normalmente para albergar productos a granel que deben almacenarse, transportarse o distribuirse comercialmente.

- **Tonel** *(barrel)*

  Envase en forma de cuba grande, construido en madera, metal o plástico de sección circular y pared combada, cerrado en sus extremos, utilizado generalmente para almacenar productos líquidos.

- **Dispositivo unitario de carga** *(united load device* **o ULD)**

  Elemento unitario de carga propio del transporte aéreo que comprende palés y contenedores aéreos.

- **Unidad de transporte de carga (UTC)** *(cargo transport unit* **o CTU)**

  Unidad de carga construida para su uso en el transporte intermodal. Su expresión usual son el contenedor, la caja móvil, el vagón de mercancías o el semirremolque.

Capítulo 6
La consolidación de cargas y el grupaje

En el capítulo dedicado a la tipología de las cargas, hemos visto como la agrupación de bultos en una unidad de carga superior se conoce como carga consolidada o unitizada. De esta acción de agrupar pueden resultar el acondicionamiento de una caja, la constitución de un palé o el llenado de un contenedor, por ejemplo.

La cantidad de elementos individuales (paquetes, piezas, botellas, etc.) que deban formar una unidad de carga superior guarda una estrecha relación con la configuración de la cadena de suministro en la que se inscribe la mercancía. Por este motivo, antes de configurar una unidad de carga, **la empresa cargadora debe conocer en profundidad las necesidades y los escenarios en todas las posibles fases posteriores de la cadena de suministro,** ya sean las de aprovisionamiento de materiales, fabricación, montaje, almacenamiento, transporte o distribución de la mercancía.

La necesidad de consolidar las cargas puede deberse a que la empresa fabricante o distribuidora desee optimizar un envío y opte por agrupar en una sola unidad de carga las diferentes mercancías que vayan a expedirse a un misma empresa destinataria. Sin embargo, es muy habitual que las expediciones tengan un volumen pequeño, precisen una entrega urgente y sea conveniente utilizar los servicios de grupaje de un operador de transporte. En ese caso, es muy posible que el bulto que se desea enviar se agrupe con otros de distintos remitentes en un mismo palé.

Del mismo modo, en el comercio internacional, cuando una empresa exportadora debe enviar la mercancía consolidada en un palé a una compradora ubicada en otro país lo hace mediante el grupaje, a través de una empresa transitaria o transportista que efectúe el porte. La porteadora intentará completar el camión o el contenedor consiguiendo mercancías de otras empresas con el mismo destino hasta consolidar un grupaje.

Así, el grupaje es el procedimiento de transporte mediante el que se agrupan y acondicionan en una única unidad física de manipulación y circulación –unidad de carga o vehículo de transporte– partidas de diferente peso, clase o volumen, siempre que las mercancías que se expiden sean de naturaleza compatible; es decir, **no deben agruparse productos secos con refrigerados o productos químicos con alimentos,** por ejemplo. Su finalidad es facilitar la expedición y el transporte de partidas que por sí solas son insuficientes para llenar una unidad de carga superior, como un camión completo, un contenedor o una caja móvil.

Las cargas agrupadas por la empresa operadora de transporte con un destino común (país, ciudad, puerto, aeropuerto, etc.), tienen generalmente como primer punto de llegada un centro logístico desconsolidador, desde donde se reexpide cada mercancía al destinatario final. **Desconsolidar es desagrupar una unidad de carga o transporte,** con el resultado de disponer separadamente de las unidades que componían la unidad de carga consolidada.

1 El palé o la tarima[1]

Es un embalaje configurado como un elemento portátil para constituir cargas unitarias. Está construido con materiales resistentes y puede manipularse con facilidad mediante carretillas u otros aparatos mecánicos. Como vimos al describir la paletización, es uno de los elementos que se emplean más habitualmente para la consolidación de cargas.

....

[1] En este libro se utiliza la voz «palé» –procedente del francés *palée*– que recoge el Diccionario de la Lengua Española. Para referirse a este tipo de «plataforma» también se utiliza la palabra «tarima» en México y otros países de América Latina, o *pallet,* en inglés. En algunas comunidades autónomas españolas también se denomina *paleta,* en Cataluña, o *palet,* en esta misma comunidad y en Euskadi.

1.1 Tipos de palé

La utilización del palé se ha extendido e internacionalizado de manera que en la actualidad existen múltiples tipos y tamaños, construidos con materiales distintos y adaptados a cada necesidad del comercio y la industria.

Cada empresa fabricante o distribuidora puede decidir las características de los palés que vaya a utilizar y disponer de un parque propio. No obstante, la tendencia mayoritaria es adherirse a alguno de los consorcios de palés existentes, con el fin de beneficiarse de sus eficiencias de funcionamiento.

El palé puede actuar de simple soporte de una mercancía, bulto o conjunto de bultos, o bien formar parte del embalaje de la misma, unido a las unidades de carga que se depositan en él mediante flejes o plástico retráctil.

En cualquier caso, la disposición de la mercancía sobre el palé requiere una ordenación que maximice su

consorcio de palés

Organización privada formada por entidades usuarias de palés (fabricantes, operadores logísticos, etc.) con la finalidad de mantener un circuito de intercambio de los mismos, de calidad y dimensiones estandarizadas, mediante el pago por el uso de los palés.

Figura 6.1. Palé de madera de cuatro entradas.

capacidad y garantice su seguridad durante las operaciones de manutención, transporte y almacenamiento.

Para optimizar la capacidad de carga de los diferentes tipos de palé, es posible utilizar programas informáticos que calculan la mejor distribución posible de los bultos en función de sus dimensiones, forma, peso, etc.

En la elección de uno u otro tipo de palé se deben tener en cuenta igualmente las dimensiones de las cargas que ha de soportar, los sistemas de almacenamiento y de manutención, y el medio o los modos de transporte que se utilizarán para su traslado.

En cuanto a sus características esenciales (véase la figura 6.2), los palés pueden ser:

- *Reversibles:* las partes superior e inferior del palé son iguales y las mercancías pueden colocarse sobre cualquiera de las dos caras

- *No reversibles:* cuando las partes superior e inferior del palé son desiguales.
- *Con pestañas:* pueden tener salientes para fines diversos, como la colocación del fleje, la sujeción de una película plástica estirable, etc.
- *Sin pestañas:* cuando no tiene salientes.

En relación con la manera en que pueden ser tomados por las horquillas de las carretillas o los transpalés para su manejo, los tipos de palé más utilizados se clasifican en:

- *De dos entradas:* permite el paso de las horquillas de los elementos de manipulación por dos lados opuestos. Estos palés pueden ser de doble cara reversible o no reversible, y de cara única no reversible.
- *De cuatro entradas:* permite el paso de las horquillas de los elementos de manipulación por sus cuatro lados. Estos palés pueden ser de doble cara reversible o no reversible.

Los palés se toman introduciendo las horquillas por debajo de las tablas de soporte del palé. Las horquillas van montadas en su extremo sobre ruedas de pequeño tamaño, las cuales permanecen siempre en contacto con el suelo.

Los palés de dos entradas son resistentes y económicos, pero menos versátiles en cuanto a su posicionamiento en las estanterías que los de cuatro. Estos últimos suelen ser más útiles en el proceso global de la manutención.

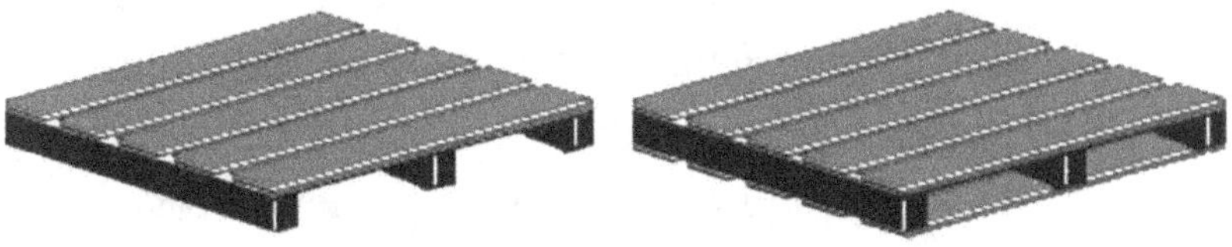

Palés de dos entradas para las horquillas.

Palé de cuatro entradas para las horquillas, de doble cara no reversible.

Palé de cuatro entradas para las horquillas, de doble cara reversible.

Palé de dos entradas para las horquillas, de cara única, no reversible.

Palé de dos entradas para las horquillas, de dos caras, reversible.

Figura 6.2. Tipología básica de los palés de madera, de dos y cuatro entradas, reversibles y no reversibles.

Adicionalmente a las estructuras más básicas, existen palés que permiten configurar unidades de carga que pueden acoger los productos más diversos:

- **Palé caja**

  Palé generalmente apilable, con al menos tres paredes verticales enterizas o caladas, fijas, plegables o desmontables, provisto o no de cubierta (véase la figura 6.3). Existen modelos provistos de ruedas para facilitar su traslado.

Figura 6.3. Modelos de palé caja de plástico (de pared calada y pared enteriza) y de madera.

Figura 6.4. Modelos de palé con montantes.

- **Palé con montantes o pilares**

  Provisto de pilares en sus esquinas, fijos o desmontables, formando un armazón. En su parte inferior, dispone de unos anclajes que pueden introducirse en sendos alojamientos de la parte superior del palé que se coloca debajo para el apilado a una altura razonable. Suelen ser metálicos y pueden estar provistos de una base de tablero de madera aglomerada (véase la figura 6.4).

- **Palé contenedor**

  Combina elementos de los palés con pilares y los convertibles y permite ser apilado sin que la carga soporte el peso de los palés superiores. Se utiliza para paletizar cargas no autoapilables o inestables (véase la figura 6.5). Existen modelos rodantes.

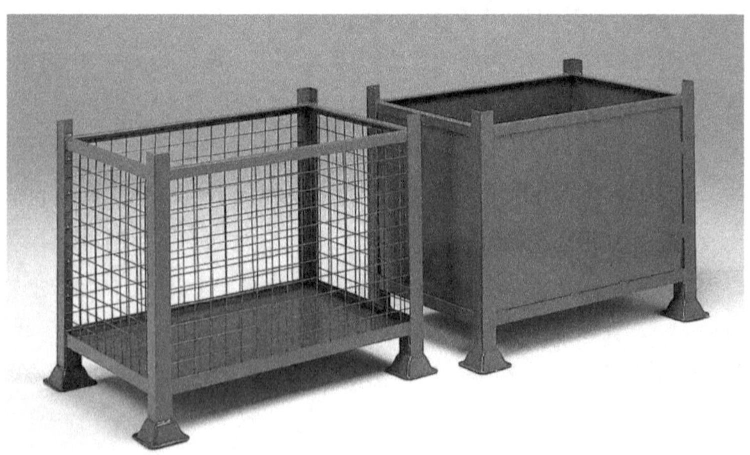

Figura 6.5. Modelos de palé contenedor metálicos, de estructura fija, y de plástico, plegables.

- **Palé convertible**

  Permite añadirle una armadura metálica, consistente en cuatro pilares unidos de a dos, que sirve como soporte del palé que se coloca encima. Sin armadura, pueden utilizarse como palé convencional para cargas estables o, con ella, para unitizar cargas inestables o poco resistentes.

- **Palé plano; palé para carga aérea**

  Sin ningún tipo de superestructura. En el transporte aéreo de carga se utilizan tres tipos de palé que permiten fijar la mercancía con redes que se sujetan en los bordes de éste.

- **Palé rodante** *(roll pallet)*

  Plataforma metálica con ruedas orientables, provista de una estructura construida con tubos, perfiles y alambres de acero, que permite contener materiales y ser arrastrado o ser tomado por las carretillas elevadoras. Puede disponer de varios niveles o estar formado por los soportes laterales. Se utiliza especialmente para trasladar materiales en centros de producción o cuando las mercancías se han de entregar o recoger en lugares que no disponen de recursos mecánicos de carga-descarga. Existen modelos con laterales desmontables para encajar unos en otros y almacenarlos cuando están vacíos.

También existen palés contenedores rodantes y palés sin ningún tipo de superestructura dotados igualmente de ruedas, fabricados en madera, metal o plástico, y provistos de tirador para facilitar su traslado (véase la figura 6.6).

Figura 6.6. Modelos de palés rodantes.

Figura 6.7. Modelos de palé silo.

- **Palé silo; contenedor mixto para graneles sólidos**
  Receptáculo con entrada para las horquillas de carretillas o transpalés que se puede vaciar mediante un dispositivo situado en la base o por aspiración a través de una abertura en la tapa. Se utiliza habitualmente para almacenar o transportar materias en polvo o granulados (véase la figura 6.7).

1.2 Dimensiones de los palés

Aunque los palés pueden tener muy distintas dimensiones, se impone de forma creciente su normalización, de modo que cualquier usuario puede alquilar o adquirir palés que se adapten a las medidas más estandarizadas y que permiten el aprovechamiento óptimo del espacio en el transporte y el almacenamiento.

Los tamaños modulares de la norma ISO 3394 toman como referencia el módulo patrón de 600 × 400 mm, adoptado como módulo internacional de embalaje y de los componentes de los sistemas de distribución, y los múltiplos y submúltiplos que se reflejan en la tabla 6.1.

De dicha norma ISO se deriva que los formatos de los palés sean principalmente los siguientes:

- ISO o americano: 1.000 × 1.200 mm.
- Europalé (EUR): 800 × 1.200 mm.
- Medio europalé: 600 × 800 mm.
- Palé marítimo: 1200 × 1800 mm.

Múltiplos 1.200 × 800 (mm) – 4 módulos 800 × 600 (mm) – 2 módulos			
Módulo patrón 600 × 400 (mm)			
Submúltiplos (mm)			
600 × 400	600 × 200	600 × 133	600 × 100
300 × 400	300 × 200	300 × 133	300 × 100
200 × 400	200 × 200	200 × 133	200 × 100
150 × 400	150 × 400	150 × 133	150 × 100
120 × 400	120 × 400	120 × 133	120 × 100

Tabla 6.1. Tamaños modulares de la norma ISO 3394.

1.3 Materiales para la elaboración de palés

Para cualquiera de las formas que hemos descrito, la calidad de un palé está determinada por el material con que se fabrique.

Los **palés de un solo uso** o desechables, suelen estar fabricados con materiales de bajo coste y escasa resistencia, como espuma moldeada de plástico, polietileno moldeado al vacío, aglomerado de madera, cartón o plástico (véase la figura 6.8).

El **palé de cartón** ofrece ofrece algunas ventajas frente a los de madera. Destaca su reducido peso (unos 12 kg menos), lo que disminuye de forma significativa el coste del flete aéreo; no necesita tratamiento contra insectos, es higiénico y puede ser utilizado en la industria alimentaria; ofrece la posibilidad de montar palés con formas particulares y, algo muy importante, es totalmente reciclable y biodegradable.

Figura 6.8. Palés de fibra de madera (izquierda)
y de plástico (derecha) para un solo uso.

Para los **palés de uso continuado,** por el contrario, se tiende a utilizar maderas duras o metales (véase la figura 6.9).

En el caso de cargas no estables que no pueden apilarse unas directamente sobre las otras, se pueden utilizar **palés metálicos con pilares.**

El **palé de plástico** inyectado es uno de los más versátiles, aunque tiene un precio más elevado. Pesa aproximadamente la mitad que uno de madera y su fácil limpieza lo hace especialmente útil para la industria alimentaria. Demuestra mayor durabilidad frente a agresiones químicas e impactos, aunque está más expuesto a deformaciones por exceso de carga y a dificul-

Figura 6.9. Almacenamiento de palés para su reutilización en la formación de unidades de carga.

Figura 6.10. Palés de plástico.

tades de manejo provocadas por deslizamientos (véase la figura 6.10).

2 El contenedor

Desde que, en 1956, el norteamericano Malcolm McLean inventó un sistema de cajas de carga que podían separarse fácilmente del chasis de los camiones, el contenedor ha pasado a ser uno de los elementos clave para optimizar los flujos físicos del transporte y la relación entre el tiempo de transporte y los costos logísticos globales.

El contenedor es una **unidad de transporte intermodal (UTI)** en la que se introduce la carga para ser transportada en un solo medio de transporte o de forma combinada entre tres medios: tren, camión y barco. En el transporte aéreo de carga se utilizan contenedores específicos para este modo de transporte.

Como vimos en la definición del contenedor, además de una capacidad no inferior a un metro cúbico, ha de poder asegurar un uso repetido y sin ruptura de la carga, es decir, sin que sea necesario desconsolidarlo o vaciarlo, en caso de trasbordo a diferentes modos o vehículos de transporte.

El contenedor también constituye en ocasiones una unidad de medida para las transacciones comerciales, aplicándose el criterio de un precio por unidad cargada con un determinado producto, lo que otorga a este unas dimensiones volumétricas y un peso por contenedor de mercancía.

Existe una nomenclatura internacional abreviada para notificar las estadísticas de tráfico de contenedores o para medir la capacidad global de un buque o de una terminal de contenedores: el **TEU** *(twenty equivalent units),* la unidad equivalente a un contenedor de 20 pies. En ocasiones, se hace referencia al **FEU** *(forty equivalent units),* la unidad equivalente a un contenedor de 40 pies.

2.1 Eficiencias del uso del contenedor

En la gestión del transporte, el uso del contenedor aporta unas eficiencias significativas frente a otros sistemas de agrupar las cargas, entre las que cabe destacar:

- Reducción del número de manipulaciones que pueda sufrir la carga durante su transporte (estibas, trasiegos, almacenamientos, etc.).

- Mayor seguridad en cuanto a las faltas y los robos en los productos transportados, especialmente si el contenedor es estanco y precintado.

- Menor posibilidad de averías en las mercancías, por la reducción de manipulaciones y la mayor seguridad en la estiba, lo que a su vez reduce la prima del seguro de transporte.

- Mayor fluidez en la tramitación de la documentación que acompaña a las expediciones.

- Menores costos en las transferencias tierra-buque-tierra, gracias a la agilidad en las operaciones de carga-estiba y desestiba-descarga de los buques.

- Menor coste en el almacenamiento inmediatamente previo o posterior al transporte, dado que los contenedores se estiban en las explanadas de las terminales.

- Mejor aprovechamiento de la capacidad de los medios de transporte.

- Costos de embalaje reducidos, dado que el contenedor protege las mercancías de las inclemencias del tiempo, contra posibles robos, etc.

- Eliminación de los costos de embalaje cuando las mercancías se pueden transportar estibadas dentro de contenedor sin embalaje, con el consiguiente mayor aprovechamiento del espacio de carga.

2.2 *Tipos de contenedor*

En atención a sus dimensiones, los contenedores más usuales son los de 20 pies (6 m) y 40 pies (12 m) de longitud, con un volumen útil medio de 30 a 33 m^3 y de 60 a 67 m^3, respectivamente, en tanto la carga útil se sitúa alrededor de 20.000 y 27.000 kg, respectivamente.

Teniendo en cuenta las limitaciones otorgadas por sus dimensiones, el contenedor puede recibir cualquier carga. Para ello, se fabrican en una amplísima variedad de tipos, capaces de adaptarse a las diferentes necesidades del transporte:

- **Contenedor aéreo** *(aircraft container)*
  Contenedor para transporte aéreo de carga cuyas formas se pueden adaptar al fuselaje de las aeronaves (véase la figura 6.12). Se fabrica en aluminio.

- **Contenedor aéreo/terrestre** *(air/surface container)*
  Contenedor intermodal con un volumen interior de 1 m^3 o más, provisto de cantoneras en las esquinas superiores e inferiores y de sistemas de trincaje compatibles con los aéreos, los terrestres y una base que permite la manipulación sobre sistemas de transporte por rodillos.

- **Contenedor calorífico** *(calorific container)*
  Contenedor isotermo al que se ha adaptado un sistema de calefacción con el fin de mantener o elevar su temperatura interior.

- **Contenedor cerrado, seco o de carga general** *(dry container; box container)*
  Es el contenedor de uso más frecuente para cargar mercancía general seca y unitizada mediante palés, cajas, barriles, etc. Es estanco y cerrado, con suelo, techo, paredes laterales y de los extremos rígidos. Está dotado de puertas en el testero y se carga a través de ellas con ayuda de carretillas o transpalés (véase la figura 6.11). Se fabrica en acero.

Figura 6.11. Contenedores cerrados transportados sobre vagones tipo plataforma.

	Dimensiones internas (cm)			Capacidad y carga útil	
	Longitud	Anchura	Altura	Volumen (m^3)	Carga máxima (kg)
P1P (Código IATA ULD) **Palé plataforma con red** *(flat pallet with net)*	317,5	223,5	162,6	10,5	4.626
P6P 10' **Palé plataforma con red** *(flat pallet with net)*	317,5	243,8	162,6	21,2	6.804
PLA **Medio palé plataforma con red** *(half pallet with net)*	317,5	153,4	162,6	7,1	3.175
PRA 16' **Medio palé plataforma con red** *(half pallet with net)*	497,8	243,8	243,8	27,6	11.300
PGA 20' **Palé plataforma con red** *(flat pallet with net)*	605,8	243,8	243,8	33,7	11.340

	Dimensiones internas (cm)			Capacidad y carga útil	
	Longitud	Anchura	Altura	Volumen (m^3)	Carga máxima (kg)
AMA Contenedor rectangular *(rectangular container)*	317,5	243,8	243,8	17,6	6.804
AMD Contenedor contorneado *(contoured container)*	317,5	243,8	299,7	21,2	6.800
AGA 20' Contenedor caja *(box container)*	605,8	243,8	243,8	33,7	11.340
AAF Contenedor contorneado *(contoured container)*	317,5	223,5	162,6	13,3	6.033
AAU Contenedor contorneado *(contoured container)*	317,5	223,5	162,6	14,4	6.033

Figura 6.12. Características de los contenedores más usuales en el transporte aéreo de carga.

CONTENEDORES DE TRANSPORTE							
	Dimensiones internas (mm)			Capacidad y carga útil		Con puertas abiertas (mm)	
	Longitud	Anchura	Altura	Volumen (m³)	Carga máxima (kg)	Anchura	Altura
Contenedor de carga general (dry container)							
20'	5.898	2.352	2.393	33,2	21.740/28.230#	2.340	2.280
40'	12.032	2.352	2.393	67,7	26.630	2.340	2.280
HC	12.032	2.352	2.698	76,3	26.520	2.340	2.585
45'	13.556	2.352	2.695	86	27.910	2.340	2.579
Contenedor de costado abierto (open side)							
20'	5.896	2.310	2.255	31	22.470	2.236	1.960
Contenedor granelero (bulk container)							
20'	5.444	2.284	2.267	28,5	21.135/27.160#		
40'	11.583	2.284	2.250	58,7	26.580		
HC	11.583	2.286	2.556	67,9	26.380		
45'	13.102	2.286	2.509	75,4	27.300		

	Contenedor sin techo *(open top container)*						
	20'	5.900	2.330	2.337	32,6	21.740	
	40'	12.025	2.330	2.337	65,8	26.410	
	Contenedor plataforma *(flat rack container)*						
	20'	5.628	2.178	2.159	/	21.740	
	40'	11.762	2.178	1.986	/	26.410	
	Contenedor tanque *(ISO tank)*						
	20'	/	/	/	21	27.410	
	Contenedor granelero *(bulk container)*						
	20'	5.838	2.366	2.374	32,7	28.030	

Figura 6.13. Características de los principales tipos de contenedores de transporte.

- **Contenedor cisterna o tanque** *(tank container)*
Se utiliza para transportar graneles líquidos en general (aceite, plásticos, resinas, látex natural y sintético, leche, cerveza, vino, agua mineral, etc.) y algunas sustancias peligrosas, como líquidos tóxicos, corrosivos y altamente inflamables. Se compone de una cisterna de aluminio o acero inoxidable anclada en una estructura de soporte con los accesorios necesarios para su trincaje en los anclajes de buques, vagones y vehículos de carretera, o bien para apilarlo sobre otro contenedor (véase la figura 6.14).

Figura 6.14. Contenedores cisterna apilados en una terminal de contenedores.

- **Contenedor con base de bambú** *(bamboo floor container)*

  Contenedor de 20 o 40 pies fabricado con criterios ecológicos que dispone de un suelo de bambú. Su utilización contribuye a la protección del medio ambiente porque reduce el consumo de energía en el proceso de fabricación y reciclaje, y minimiza el riesgo de contaminación marítima.

- **Contenedor de automóviles** *(car container)*

  Contenedor abierto, sin paredes laterales ni techo. Posee barras de acero totalmente desmontables y dispositivos para la sujeción y el transporte de los vehículos a dos niveles.

- **Contenedor de costado abierto** *(open side container)*

  Cuando la mercancía que hay que cargar, debido a su longitud, resulta de difícil manejo a través del testero, se utiliza un contenedor abierto por uno o los dos costados para facilitar la operación. Es especialmente apto para la carga y descarga en las estaciones de ferrocarril. Está construido en acero (véase la figura 6.15).

- **Contenedor de gran capacidad** *(high cube container)*

  Contenedor cerrado de mayor altura que otros tipos de contenedores (2,9 m o más, en lugar de 2,44 m). Se utiliza especialmente para el trans-

Figura 6.15. Contenedor de costado abierto.

porte de mercancías voluminosas y de poco peso. Se fabrica en acero (véase la figura 6.16).

- **Contenedor de media altura *(half height container)***
Contenedor de 20 pies, de techo abierto y 1,295 m de altura, adecuado para mercancías muy pesadas y poco voluminosas, como planchas, barras, raíles, azulejos, etc. La parte superior se suele cubrir con una lona.

- **Contenedor de temperatura controlada *(controlled temperature container)***
Contenedor térmico dotado de sistemas o equipos de control y registro de la temperatura y la humedad.

Figura 6.16. Contenedor de 45 pies y gran capacidad.

- **Contenedor europalé** *(palletwide container)*
  Contenedor ISO estándar que permite en su interior la estiba paralela de dos palés de medida europea, de 1.200 × 800 mm.

- **Contenedor frigorífico** *(reefer; refrigerated container)*
  Contenedor térmico, construido en aluminio o aluminio y acero inoxidable, capaz de mantener la mercancía a una temperatura de hasta –30 ºC. Cuenta con un dispositivo frigorífico para mantener la temperatura deseada de manera autosuficiente.

Algunos contenedores de esta modalidad también controlan el grado de humedad de su interior. Son idóneos para transportar mercancías perecederas, como carne o fruta, por ejemplo. Puede conectarse al buque, al vehículo de transporte o a la terminal para obtener el suministro de energía que permite su funcionamiento. El tipo conair no dispone de equipo generador de frio y utiliza la refrigeración producida por el buque.(véase la figura 6.17).

Figura 6.17. Contenedores frigoríficos apilados frente a la estructura de una plataforma de control que facilita el acceso para examinar los registros de temperatura, la manipulación o reparación de la unidad frigorífica, la conexión y desconexión de los contenedores, y otros trabajos de mantenimiento.

- **Contenedor granelero** *(bulk container)*

  Utilizado para el transporte de carga seca a granel, por ejemplo, productos químicos granulados, cemento, fertilizantes, harina, leche en polvo, azúcar, sal, etc. La mercancía se introduce en el contenedor mediante mangueras conectadas a unas escotillas dispuestas en su parte superior, y se extrae a través de unas compuertas de vaciado situadas en sus puertas. Se fabrican con fibra de vidrio y acero (véase la figura 6.18).

- **Contenedor hipobárico** *(hipobaric container)*

  Empleado en el transporte de productos altamente perecederos como plantas, flores y fruta.

Figura 6.18. Contenedor granelero.

Además del sistema de ventilación que permite renovar el aire dentro del contenedor, dispone de sistemas de vacío y humidificación. Su aspecto exterior es muy similar al del contenedor térmico.

- **Contenedor isotermo** *(insulated container)*
  Se caracteriza por tener las paredes, las puertas, el suelo y el techo construidos con materiales aislantes, con el fin de disminuir la tasa de transmisión de calor entre el interior y el exterior. Se utiliza para transportar mercancías que precisan mantener una temperatura constante determinada, por ejemplo las plantas vivas o algunas mercancías peligrosas. Debe cumplir los requisitos establecidos por la norma ISO 1496-2.

- **Contenedor jaula** *(livestock container)*
  Se utiliza para transportar animales vivos, por lo que dispone, como mínimo, de una pared vertical no maciza para favorecer la ventilación. Su diseño facilita las labores de limpieza y el acceso para la manutención de los animales.

  También existen contenedores jaula, provistos de una estructura de pilares en los costados y los testeros, para transportar productos siderúrgicos (véase la figura 6.19).

Figura 6.19. Contenedores jaula para transportar productos siderúrgicos, apilados para facilitar su almacenamiento o manejo mediante una carretilla elevadora.

- **Contenedor para pulverulentos** *(container for granular and powdery materials)*
  Construido para el transporte a granel de mercancías granulosas o pulverulentas.

- **Contenedor plataforma** *(flat container)*
  Formado por una plataforma, sin ninguna otra superestructura, con igual longitud, anchura, requisitos de resistencia y dispositivos de manipulación y seguridad requeridos para los contenedores ISO. Se utiliza cuando las características de los elemen-

Figura 6.20. Contenedor plataforma.

tos que hay que transportar no encajan con las de ningún otro tipo de contenedor, y es especialmente adecuado para elementos pesados y de gran volumen, como maquinaria, cables, bidones, bobinas y láminas de acero, vehículos pesados y productos forestales. Se fabrica en acero (véase la figura 6.20).

- **Contenedor plegable o desmontable** *(collapsible container)*
  Contenedor cuyas partes estructurales pueden plegarse, para ser transportado sin carga, y volver a montarse en el momento de su utilización (véase la figura 6.21).

- **Contenedor refrigerante** *(refrigerated container)*
  Contenedor térmico dotado de uno o más compartimentos para la carga de un agente frigoríge-

Figura 6.21. Contenedor plataforma plegable.

no mediante el cual, sin medios mecánicos o de absorción, se puede enfriar la temperatura de la caja del contenedor y mantenerla constante. En el transporte de carga aérea se utiliza un sistema de refrigeración con hielo seco.

- **Contenedor silo** *(silo container)*
  Para graneles sólidos no presurizado de descarga horizontal, sin puertas de apertura.

- **Contenedor sin techo** *(open top container)*
  Puede cargarse mediante grúas y cubrirse con una cubierta flexible y móvil, por ejemplo, una lona de plástico reforzado. Es de acero, puede tener puer-

tas en los paneles frontales o laterales, y resulta especialmente útil para grandes cargas, como cristales, mármoles, material de construcción, madera o maquinaria de gran volumen (véase la figura 6.22).

- **Contenedor ventilado** *(ventilated container)*
  Contenedor cerrado que se utiliza para transportar mercancías que precisan una ventilación constante para mantener su estado de conservación. Está dotado de aberturas o dispositivos superiores, intermedios e inferiores para la circulación natural o mecánica del aire.

Figura 6.22. Contenedor sin techo, cubierto con lona.

Además del contenedor, existen otras unidades de transporte de carga construidas para su uso en el transporte intermodal, como la caja móvil, el vehículo de carretera o camión, el vagón de mercancías o el semirremolque.

- **La caja móvil** *(swap body)*

  Se trata de un equipo de transporte formado por una caja de camión separable de su chasis, equipada con dispositivos adecuados para el trasbordo entre modos de transporte, habitualmente carretera-tren. Puede quedar depositada en un lugar

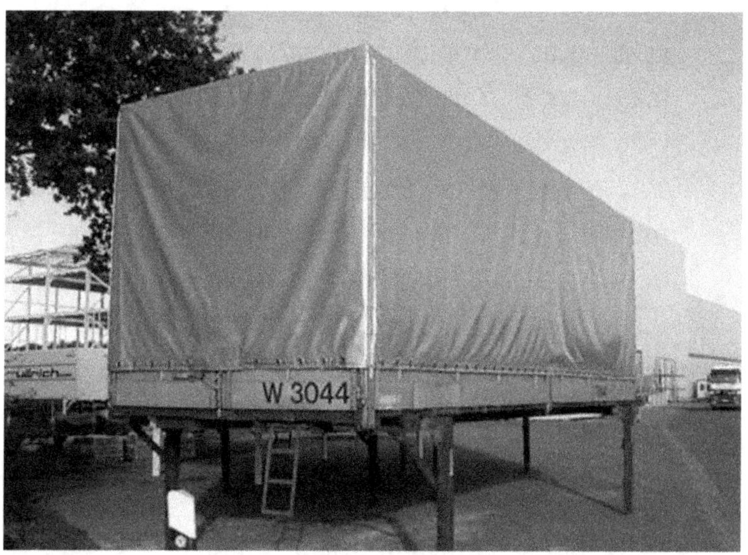

Figura 6.23. Caja móvil sustentada sobre sus patas desplegadas.

mediante cuatro patas desplegables (véase la figura 6.23). También las hay apilables, provistas de herrajes de esquina superiores para permitir el levantamiento por la parte superior.

- **El camión** *(truck)*

  Es el vehículo por excelencia para su uso en el transporte de mercancías por carretera. Está formado por la unidad tractora y la caja que ésta arrastra. El camión puede ser rígido, sin que se puedan separar los dos elementos, o articulado, en cuyo caso la caja se denomina semirremolque (véase la figura 6.24).

- **El semirremolque** *(semi-trailer)*

  Es la caja o remolque formado por una plataforma o un conjunto carrozado, sin sistema de tracción propia, que es arrastrado por una unidad tractora en la que se ensambla y reposa parcialmente, y que le transmite una parte significativa de su masa y carga. No tiene eje delantero, y puede disponer de uno (monoeje), dos (tándem o doble) o tres (trídem o triple) ejes traseros (véase la figura 6.25).

- **El vagón** *(wagon)*

  Es la unidad móvil ferroviaria habilitada para el transporte de mercancías, que no dispone de nin-

Figura 6.24. Camión con semirremolque.

*Figura 6.25. Semirremolque tipo furgón, con sistema
de apertura lateral para facilitar la carga y descarga.*

Figura 6.26. Vista parcial de un vagón canguro transportando un semirremolque.

gún sistema de propulsión propio. Existen numerosos tipos de vagones, adaptados a las necesidades del transporte ferroviario, como los plataforma, cerrados, canguro, tolva cerrada o abierta, cisterna, portavehículos, refrigerantes o portacontenedores, entre otros (véase la figura 6.26).

Colección: Biblioteca de logística
Director: David Soler

Unidad de carga en el transporte
1.ª y 2.ª edición, 2015
© 2015, David Soler García
© 2015, incluido el diseño de la
cubierta, ICG Marge, SL

Edita: Marge Books
Avda. Alcalde Moix, 28
08207 Sabadell (Barcelona)
Tel. +34 931 429 486
marge@margebooks.com
www.margebooks.com

Gestión editorial: Hèctor Soler
Compaginación: Mercedes Lara
Impresión: Bookprint Digital, SA
(L'Hospitalet de Llobregat, Barcelona)

ISBN: 978-84-16171-08-8
Depósito Legal: B-25443-2015

Procedencia de las ilustraciones:

Archivo autor y:
Autoridad Portuaria de Bilbao, 40, 52
Autoridad Portuaria de Gijón, 38
Codiplas, 28
Cube Depot, 88
DSG, 76, 99a
Ferrmed, 81
Gwan Kho, 35
Hupac, 100
J2 Servid, 26
JSV, 89, 93
Juanjo Martínez, 86
Marge Books, 12, 67
Mark Hunter, 36
Port Containers, 95
Sistemas de Ingeniería Global, SA, 90
Subox, 68
Tecnisample, 56
The Container Traders, 96
Wirsolut, 29

Crédito documentario. Guía para el éxito en su gestión
Cristina Peña Andrés, Amelia de Andrés Leal

Guía práctica de las reglas Incoterms® 2010
David Soler

Certificación Lean Six Sigma Green Belt para la excelencia en los negocios
Lean Six Sigma Institute, SC

Certificación Lean Six Sigma Yellow Belt para la excelencia en los negocios
Lean Six Sigma Institute, SC

Negociación intercultural. Estrategias y técnicas de negociación internacional
Domingo Cabeza, Pelayo Corella, Carlos Jiménez

Las reglas Incoterms® 2010. Manual para usarlas con eficacia
Alfonso Cabrera Cánovas

Regímenes aduaneros económicos y procesos logísticos en el comercio internacional
Pedro Coll

Inglés náutico normalizado para las comunicaciones marítimas
José Manuel Díaz Pérez

Shipping & Commercial Case Law
Albert Badia

Gestión medioambiental en la industria
José M.ª Suris

Gestión financiera del comercio internacional
Josep M.ª Casadejús

Personalización masiva
Blas Gómez

Manual de gestión aduanera. Normativas del comercio internacional y modelos de integración económica
Pedro Coll

Los abordajes en la mar
Carlos F. Salinas

El desorden sanitario tiene cura. Desde la seguridad del paciente hasta la sostenibilidad del sistema sanitario con la gestión por procesos
Rajaram Govindarajan

Gestión y liderazgo en una empresa de seguros
Simón Mahfoud y Digna Peña

Avda. Alcalde Moix, 28 – 08207 Sabadell (Barcelona) – Tel. +34-931 429 486 – marge@margebooks.es – www.margebooks.es

9 788416 171088